AF249646

Début d'une série de documents
en couleur

F8° R
16236

SOCIALISME CATHOLIQUE

SON INSUFFISANCE

SON COMPLÉMENT NÉCESSAIRE

Analyse et discussion de l'Encyclique « Novarum rerum » du 15 Mai 1891, relative à la condition des ouvriers dans les pays chrétiens.

Par P.-F. COURTÉPÉE

NANTES

LIBRAIRIE DE « LA RELIGION UNIVERSELLE »

Rue Mercœur, 3.

1892

EN VENTE :

A NANTES, rue Mercœur, n° 3, et à PARIS, rue Chabannais, n° 1, et boulevard Montmorency, n° 97

L'UNITÉ DE LA VIE PASSÉE, PRÉSENTE & FUTURE

ou

L'IMMORTALITÉ INDIVIDUELLE & COLLECTIVE

Par P.-F. COURTÉPÉE

PRIX : 1 fr. 50. Plus 0 fr. 15 d'affranchissement.

Les âmes viennent sur terre afin de continuer leurs essais dans la vie intellectuelle et morale. Elles y sont placées afin que, se servant de leur volonté, elles reprennent leur marche vers l'acquisition de la sagesse et de la Science. L'accomplissement du but de la vie corporelle compliqué de la nécessité du retour au bien ne peut être que progressif. Le renouvellement réitéré de la vie des âmes agissant par de nouveaux corps s'impose ainsi comme la condition nécessaire de leur amélioration. Ce livre contient l'explication de cette loi fondamentale de l'existence matérielle. Il en développe les conséquences immédiates mieux et plus complètement que cela n'avait été fait jusqu'ici. Il explique la faute et le résultat des souffrances qui nous atteignent. Il est le complément nécessaire des études morales que tous ont à faire, tous étant intéressés à savoir pourquoi ils sont au monde, pourquoi ils souffrent, ce qu'ils peuvent faire afin de ne plus souffrir, et pourquoi il y a parmi nous des inégalités de tous genres.

TABLE DES MATIÈRES

CONTENUES DANS CE VOLUME

Aux lecteurs. — I. Recherche de la vérité. — II. Dieu, l'homme et le monde. — III. Paternité divine. — Fraternité humaine. — IV. But de la vie corporelle. — V. La mort est une transformation. — VI. La personnalité dans la vie extra-terrestre. — VII. Le corps étant mort, l'être intelligent survit avec ses facultés et sa conscience. — VIII. La mort nous laisse nos pensées, nos sentiments et nos goûts. — IX. Conscience monitrice. — X. — Le mal est œuvre humaine. Il doit être réparé par qui l'a fait. Il finira. XI. Espérance de bonheur en regard de la réalité terrestre. — XII. Les habitants de la terre sont des condamnés. Amélioration immédiate ou lointaine, mais forcée. — XIII. Justice. — XIV. Morale. — XV. Ignorance et savoir. — XVI. Membre d'une famille humaine, chaque homme se perpétue avec elle. — XVII. La vie future ne saurait être que l'image et le perfectionnement de la vie présente, comme celle-ci est la ressemblance de la vie passée. Toutes trois sont collectives. — Voile du passé. — VXIII Préparation de la vie future dans la vie présente. — XIX. La vie présente est une vie future. — XX Désir d'une vie future extra-mondaine tant que nos sociétés sont désordonnées et que notre terre est le séjour des méchants — XXI. Nécessité du retour à la vie corporelle. — XXII. Les vivants sont l'avenir, leur présence actuelle et ultérieure. — XXIII. Identité des généralisations successives. — XXIV. La survivance de l'âme sans retour à la vie corporelle serait anti-sociale. — XXV. La théorie athée : après la mort, rien, est anti-sociale — Nous sommes ceux qui viendront — XXVI. Donner aux hommes l'exemple du bien, c'est le seul moyen de les délivrer du mal. — XXVII. Aimer, enseigner, travailler. — XXVIII. Le progrès des sociétés dépend de l'amélioration successive des individus. — XXIX. Extinction de l'ignorance et de la misère, adoucissement des peines. — XXX. Peine de mort. — XXXI. Guerre. — XXXII. Patrie, gloire. — XXXIII. Rébellion persistante, peine aggravée. — Soumission et humilité. — Fin du châtiment. — XXXIV. Civilisation. — XXXV. Le droit auquel l'homme est actuellement soumis n'est pas idéal et rationnel, il est réel et historique — XXXVI. Caractère progressif du droit. Consentement nécessaire pour qu'il soit changé. — XXXVII. Le droit veut être défendu contre la violence par toutes les forces dont la société dispose. — XXXVIII. Droit général. — Droit individuel. — Charité. — XXXIX. Suicide, erreur et désillusion. — XL. Affirmations journalières de la continuité de la vie et de la nécessité du retour sur la terre. — XLI. Affirmations évangéliques méconnues, causes et conséquences. — XLII. Conclusion.

Nantes — Imprimerie F. SALIÈRES, rue du Calvaire, 10.

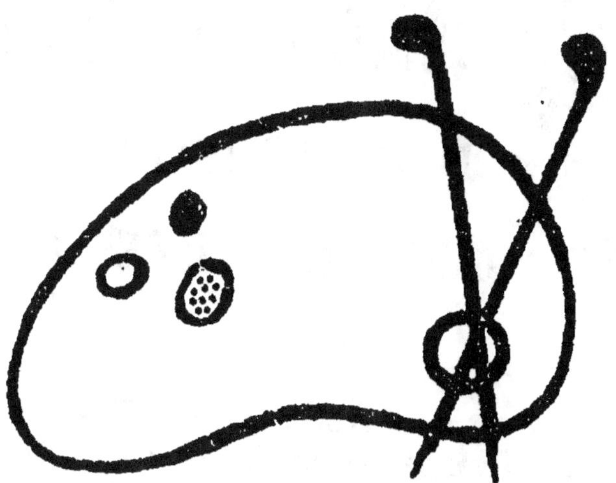

Fin d'une série de documents
en couleur

SOCIALISME CATHOLIQUE

SON INSUFFISANCE

SON COMPLÉMENT NÉCESSAIRE

Analyse et discussion de l'Encyclique « Novarum rerum » du 15 Mai 1891, relative à la condition des ouvriers dans les pays chrétiens.

Par P.-F. COURTÉPÉE

NANTES

LIBRAIRIE DE « LA RELIGION UNIVERSELLE »

3, Rue Mercœur, 3

1892

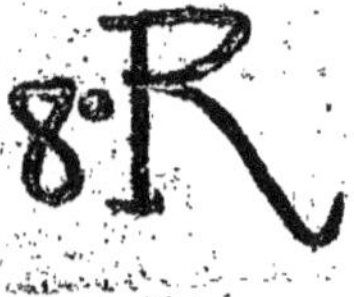

8° R

16236

NOTE DES ÉDITEURS

Nous pourrions sans doute nous dispenser de présenter au public cette brochure sur l'Encyclique du Pape, l'auteur, notre vénéré ami, M. P.-F. Courtépée, étant déjà très connu par ses articles de revues et ses œuvres antérieures.

Les écrits que notre ami a déjà fait paraître n'ont vu le jour, comme celui-ci, que dans le but d'obtenir des hommes plus de sagesse et, pour le peuple, plus de justice.

Nous ne savons pas si M. Courtépée se recommande du Socialisme, mais nous croyons qu'il peut s'en recommander, et se dire religieux et socialiste comme nous le sommes, puisque tous ses efforts tendent à solidariser et à socialiser les hommes, en les rendant progressivement meilleurs, en faisant qu'ils s'aiment davantage et en obtenant, au moins de leurs chefs politiques ou spirituels, une action plus grande en vue du Bien.

La question sociale, celle qui touche surtout les classes déshéritées et pauvres, préoccupe particulièrement M. Courtépée, car bien qu'il admette que les peines et les afflictions sont méritées, comme il pense que ceux qui les causent le font par passion, ou au moins sans justice, il demande, et nous le demandons avec lui depuis que nous parlons et que nous écrivons, que ces auteurs volontaires ou inconscients des maux du peuple ouvrent les yeux et s'intéressent enfin, et d'une manière réellement efficace, à cette classe la plus nombreuse et la plus pauvre que les misères atteignent.

Le remède aux misères du peuple est évidemment avant tout dans une culture morale mieux comprise et dans l'adoption par les foules d'un idéal nouveau; mais on n'arrivera à extirper complètement le mal que si l'on saisit, dans les réformes futures, l'être humain tout entier, c'est-à-dire l'être moral et l'être physique. Or, ce n'est pas avec des institutions mauvaises ou trop vieilles, ou avec des lois injustes que l'on parviendra à ce résultat.

Il faut que tout ce qui est actuellement vivant meure, au moins dans ce qui n'est que la forme défectueuse des choses dont le fond est éternel.

C'est ce qu'a parfaitement compris M. Courtépée, et c'est sur ce terrain pratique qu'il s'est placé dans cette brochure comme dans ses autres écrits.

Nous pensons qu'un tel travail obtiendra la sympathie du public, et fera beaucoup réfléchir les hommes qui ont d'autres soucis terrestres que la simple satisfaction de leur égoïsme et de leur irréligion.

En tous cas, M. Courtépée aura fait son devoir d'homme de bien et de penseur, en laissant mettre au jour des idées qui feront leur chemin lorsqu'elles trouveront la préparation qu'elles attendent pour germer dans les cœurs et porter des fruits de justice, de vérité et de solidarité vraiment religieuse.

Les Éditeurs.

AVIS AU LECTEUR

—

Il est important de remarquer, bien que la chose soit très apparente, que ce qui résume la lettre du Chef de l'Eglise se trouve composé dans cette brochure en un caractère d'imprimerie différent de celui qui a servi pour les réflexions philosophiques et sociologiques que fait l'auteur sur la lettre et les idées qui s'y trouvent exprimées.

———

SOCIALISME CATHOLIQUE

SON INSUFFISANCE

SON COMPLÉMENT NÉCESSAIRE

Le Pape a écrit de Rome, à tous ses vénérables frères, les patriarches primats, archevêques et évêques du monde catholique, en grâce et communion avec le siège apostolique, une lettre concernant la question ouvrière.

Elle est divisée en six parties qui seront analysées et discutées successivement.

I

Motifs.

Dans la première partie de sa lettre, le Pape indique les motifs qui l'ont déterminé à faire connaître sa pensée.

La soif d'innovations qui depuis longtemps, écrit-il, s'est emparée des sociétés et les tient dans une agitation fiévreuse devait, tôt ou tard, passer des régions de la politique dans la sphère voisine de l'économie sociale. Et, en effet, les progrès incessants de l'industrie, les routes nouvelles que les arts se sont ouvertes, l'altération des rapports entre les ouvriers et les patrons, l'affluence de la richesse dans les mains du petit nombre à côté de l'indigence de la multitude, l'opinion enfin plus grande que les ouvriers ont conçue d'eux-mêmes et leur union plus compacte, tout cela, sans parler de la corruption des mœurs, a eu pour résultat final un redoutable conflit.

Partout les esprits sont en suspens et dans une anxieuse attente, ce qui suffit à lui seul à prouver combien de graves intérêts sont ici engagés. Cette situation préoccupe et exerce à la fois le génie des doctes, la prudence des sages, les délibérations des réunions populaires, la perspicacité des législateurs et les conseils des gouvernants. Il n'est pas de problème qui saisisse en ce moment l'esprit humain avec tant de véhémence.

Ce sujet a été déjà traité, néanmoins il y a lieu de revenir sur ce difficile problème afin de réfuter des opinions erronées et fallacieuses. Il importe de préciser avec justesse les droits et les devoirs de tous, les règles auxquelles la richesse ou le prolétariat doivent obéissance.

Il faut des mesures puissantes et efficaces permettant de réagir contre la corruption des mœurs, de raviver les principes et les sentiments religieux indignement bannis des lois et des institutions, et de ramener tout le monde à l'observation des règles trop méconnues de la morale chrétienne.

Il est indispensable de venir en aide aux classes inférieures dépossédées de leurs corporations qui n'ont point été remplacées.

L'usure ajoute à tous les maux et, malgré les condamnations de l'église, elle est pratiquée sous toutes les formes.

Un joug presque servile est imposé à la multitude infinie des prolétaires réduits à une situation pitoyable et accablés de misères imméritées.

Ce tableau de l'état des esprits et des mœurs dans toutes les classes n'est pas plus sombre que n'est la réalité; mais les représentants de l'Eglise sont-ils sans reproche? N'est-ce point leur faute si le monde moral aussi bien que le monde économique sont arrêtés dans une aussi déplorable situation. « Ce n'est pas seulement, dit J.-B. André Godin, la condition matérielle de l'existence de quelques-uns, c'est l'imperfection morale du peuple entier qui fait que nous sommes impuissants à nous donner des institutions sociales dépouillées d'égoïsme et de despotisme. » (Le Devoir, 1892, p. 129).

Depuis dix-huit siècles, les successeurs des apôtres ont la direction des peuples chrétiens, et ce sont leurs élèves qui n'ont aujourd'hui ni force contre le mal, ni puissance pour le bien.

Qu'en penser?

Ce sont leurs disciples qui manquent de sentiments religieux; c'est par ceux dont ils ont fait l'éducation que l'injustice triomphe en tous lieux.

Pourquoi les prêtres du Christ n'ont-ils pu obtenir de leurs fidèles ce que Moïse avait obtenu des rapaces fils d'Israël, qu'il n'y eût pas d'usure entre les frères, c'est-à-dire entre concitoyens.

Il est permis de croire que la perte de toute influence sérieuse vient de ce que les successeurs des apôtres ne sont pas restés ce que leur maître leur avait prescrit d'être.

Au lieu de songer tout au plus au pain quotidien qu'ils devaient toujours trouver dans leur travail manuel, les successeurs des apôtres ont déserté la voie qui leur avait été tracée.

Ils se sont faits les alliés des puissants.

Ils ont inventé l'intolérance, les proscriptions, les guerres de religion, l'inquisition et le sacrilège.

Ils n'ont regardé les petits que comme des inférieurs producteurs de bénéfices, de rentes foncières et de prestations féodales.

De là vient que tous, petits comme grands, ont méconnu des règles qu'ils voyaient méprisées par ceux qui avaient accepté le devoir de les leur enseigner.

Les petits ont repoussé la résignation que leurs maîtres ne pratiquaient pas.

Les grands ont négligé la modération et le désintéressement dont on ne leur donnait pas l'exemple.

Ils n'ont vu dans les membres du clergé que les co-partageants de leurs privilèges.

Voilà pour quelles raisons, privés d'influence sur les petits, qu'ils tenaient à distance, les prêtres n'en ont pas conservé sur les grands avec lesquels ils partageaient.

Repentez-vous, représentants du Christ, acccusez-vous de n'avoir pas conservé sa pure doctrine.

S'il en est temps encore, revenez au pauvre et prenez votre part de son lourd fardeau ; mais ne lui dites pas qu'il n'a pas mérité d'en être chargé, car c'est blasphémer, c'est accuser la justice de Dieu qui aurait frappé des innocents.

Souvenez-vous que le Christ vous a dit d'annoncer aux souffrants : Un cheveu de votre tête ne tombera pas sans que Dieu le veuille Vous sortirez de la prison dès que vous aurez payé votre dette.

Ministres du Christ, faites-vous pauvres, si vous voulez être écoutés. Peut-être est-il déjà trop tard.

II

L'Eglise et la Propriété.

La seconde partie de la lettre est consacrée à la discussion d'une théorie socialiste ainsi qu'à la justification du principe de la propriété privée indéfiniment transmissible.

La lettre impute au socialisme d'enseigner que le remède à la malheureuse condition des prolétaires consiste dans la suppression de la propriété privée qui serait transférée à l'Etat ou à la Commune en sorte que la jouissance des immeubles pourrait être équitablement répartie entre les citoyens par les chefs de la société.

Cette théorie est d'après la lettre contraire à l'intérêt des ouvriers qu'elle priverait de la faculté de disposer de leur salaire.

Elle est souverainement injuste en ce qu'elle viole les droits légitimes des propriétaires, dénature les fonctions de l'Etat, et tend à bouleverser de fond en comble l'édifice social.

Le but immédiat visé par le travailleur, c'est d'obtenir de quoi pourvoir à son entretien et d'user de son salaire comme bon lui semblera. Si pour s'assurer la conservation de ses épargnes, il les a réalisées dans un champ, il est évident que ce champ n'est que le salaire transformé, il lui appartient au même titre. Rendre la propriété collective, c'est ôter à l'artisan la libre disposition de son salaire et le moyen d'améliorer son sort.

La propriété est de droit naturel. Intelligent et raisonnable, l'homme a la faculté générale d'user des choses extérieures, et le droit ferme et stable de les posséder, tant celles qui sont consommées par l'usage que celles qui demeurent après nous avoir servi. Il a le droit de choisir les choses qu'il estime les plus aptes à pourvoir au présent ainsi qu'au futur. Il suit de là qu'il doit avoir sous sa domination, non seulement les produits de la terre, mais encore la terre elle-même qu'il voit appelée à être la pourvoyeuse de l'avenir.

Les nécessités de l'homme ont de perpétuels retours. Satisfaites aujourd'hui, elles renaissent demain avec de nouvelles exigences. La terre est l'élément stable et permanent capable de lui fournir perpétuellement par les ressources de son incessante fécondité les moyens d'y pourvoir.

Dieu a donné la terre en jouissance au genre humain ; mais il n'a assigné de part à aucun homme, abandonnant la distribution des propriétés et leurs délimitations à l'industrie humaine et aux institutions des peuples.

Le travail est le moyen universel de pourvoir aux besoins de la vie, soit qu'on l'exerce sur un fond propre ou dans quelque art lucratif dont la rémunération ne se tire que des produits multiples de la terre avec lesquels elle est toujours susceptible d'échange.

La terre ne peut rien sans la culture et les soins de l'homme qui la marque comme d'une empreinte de sa personne ! Enlever au cultivateur la portion de terre qu'il a défrichée, c'est le priver du fruit de son travail. Car enfin ce champ remué avec art par la main du travailleur, a changé complètement de nature. Il était sauvage, le voilà défriché. D'infécond, il est devenu fertile. Ce qui le rend meilleur est inhérent au sol, et se confond tellement avec lui qu'il serait à peu près impossible de l'en séparer.

Cependant ces droits qui sont innés pour chaque homme pris isolément apparaissent plus rigoureux encore quand on les considère dans leurs relations avec les devoirs de la vie domestique.

Il est de droit naturel que l'homme se marie et devienne chef de famille. Voilà donc la famille, société très petite, mais réelle et antérieure à toute société civile à laquelle il faudra de toute nécessité attribuer certains droits et certains devoirs absolument indépendants de l'Etat.

Ce droit de propriété reconnu à l'homme isolé, il y a lieu de le transférer à l'homme chef de famille et de lui donner une nouvelle extension, conséquence du devoir du père de famille tenu de subvenir aux besoins de ses enfants, à leur éducation et d'assurer leur avenir.

Mais ce patrimoine, il ne peut le leur créer sans l'acquisition et la possession de biens permanents et productifs qu'il puisse leur transmettre par voie d'héritage.

Il ne faut pas porter atteinte à la petite société originaire qui est la famille ; la grande société qui lui succède ne peut être substituée à ses droits ni à ses obligations. Elle usurperait si elle prétendait absorber la famille. Elle doit laisser à celle-ci le rôle qui lui est propre.

Les tenants d'une opinion surannée peuvent seuls y contredire. Obligés d'accorder à l'homme l'usage du sol et les fruits des champs, ils lui refusent le droit de le posséder en qualité de propriétaire, et portent atteinte à son droit de profiter de son travail et de ce qu'il a produit.

La lettre ajoute qu'en dehors de l'injustice du système socialiste, on n'en voit que trop les funestes conséquences : la perturbation dans tous les rangs de la société, une odieuse et insupportable servitude pour tous les citoyens, la porte ouverte à toutes les jalousies, à tous les mécontentements, à toutes les discordes, le talent et l'habileté privés de leurs stimulants et comme conséquence nécessaire, les richesses taries dans leur source, enfin, à la place de cette égalité tant rêvée, l'égalité dans le dénument, l'indigence et la misère.

La théorie socialiste de la propriété collective est à répudier comme absolument préjudiciable à ceux-là même qu'on veut secourir, comme contraire aux droits naturels des individus, comme dénaturant les fonctions de l'Etat et comme troublant la tranquillité publique.

La conclusion est, par suite, qu'il doit rester bien établi que l'inviolabilité de la propriété est le prémier fondement à poser par tous ceux qui veulent sincèrement le bien du peuple.

On peut tout d'abord se demander pourquoi l'Eglise a emprunté à l'égoïsme moderne les règles constitutives de la propriété au lieu de recourir aux principes de la législation dont le christianisme est l'accomplissement.

Suivant Moïse, le Seigneur a dit : « En l'année du jubilé, tous rentreront dans les biens qu'ils avaient possédés. La terre aussi ne se vendra point à perpétuité parce qu'elle est à moi et que vous êtes des passants à qui je la loue... Vous achèterez à proportion des années qui se seront écoulées depuis le jubilé... il vous vendra à proportion du temps restant à courir jusqu'au jubilé. » (Lévitique, chap. 25, v. 13, 14, 15 et 25).

L'Eglise ne connaît plus le principe de l'apportionnement originaire, ni la règle d'après laquelle tous les cinquante ans, les aliénateurs rentrent dans leur lot primitif. Elle s'attache à d'autres principes qui d'après elle justifieraient le droit de propriété définitif.

Nous ne saurions admettre que la dissertation qu'elle a présentée ait atteint le but cherché. Elle se flatte à tort d'être arrivée à une justification péremptoire et qui échappe à toute critique.

Loin d'être victorieuse, l'argumentation présentée laisse place à bien des objections. Les principes sur lesquels elle repose ne justifient point les conséquences que l'on en fait sortir.

Qu'il y ait lieu d'écarter les exagérations du système socialiste critiqué, nous n'avons pas l'intention de nous y opposer. Les exagérés sont le petit nombre et jamais ailleurs que dans les couvents, on n'a contesté à ceux qui les ont gagnés par leur travail, leurs vêtements et les autres choses essentielles à la vie.

On ne conteste pas davantage le droit de convertir en une valeur différente le produit du salaire et du travail ; mais la difficulté apparaît à l'instant où IL S'AGIT DE CONVERTIR L'USAGE TRANSITOIRE EN UNE APPROPRIATION DÉFINITIVE ET PERPÉTUELLE. A CET INSTANT, LE DROIT DU VOISIN ET DES HOMMES DE L'AVENIR SE DRESSE DEVANT LA PRÉTENTION DU DÉTENTEUR, et c'est précisément l'occupation actuelle qu'il faudrait, malgré la rivalité du présent et celle de l'avenir, transformer en ce droit définitif que l'on qualifie de droit de propriété consolidée à tout jamais, en un droit qui dorénavant ne sera légitime qu'entre les mains des ayant cause de ce premier occupant.

Ce que l'on doit établir, ce n'est pas la transformation en un droit transitoire, c'est la conversion en une appropriation irrévocable et ne laissant place à aucune réapparition du droit, soit du voisin, soit des prétendants de l'avenir ; C'EST LA CONFISCATION SANS REMISE PAR UN SEUL, A SON PROFIT EXCLUSIF, de la vocation de tous, de ses contemporains et des successeurs qu'ils auront dans l'avenir indéfini et jusqu'à la consommation des siècles.

L'Encyclique accepte ces conséquences con-

BIBLIOTHÈQUE NATIONALE
R.F.

2

testées que les principes posés par elle ne contiennent aucunement.

L'Église n'admettant pas la liberté, sa dissertation ne reproduit ni la théorie de Bodin ni celle de Locke. Elle a raison en cela. Et en effet l'homme est gouverné relativement à toutes ses actions par des lois physiques et morales. Il n'agit qu'en obéissant. Il n'échappe jamais à l'obligation d'obéir, même au cas où il arrive à ses fins, c'est qu'une loi physique ou morale lui est venue en aide. Il n'est actif que dans le bien, et si à un moment donné, ayant mis à son service une loi physique, il a violé une loi morale, la sanction de celle-ci ne manquera pas d'apparaître au moment opportun et de le rappeler à l'exécution du devoir.

C'est donc une pétition de principe que d'attribuer à la liberté, comme le font Bodin (*Livre de la République*, 1590) et Loke (*Essai sur le Gouvernement civil*, 1690) le pouvoir créateur de la propriété indéfinie.

Le dernier avait bien vu la difficulté, car tout en proclamant la légitimité théorique et la nécessité sociale de la propriété, il ne l'admettait que sous une réserve. Elle ne saurait, d'après lui, être légitime pour le détenteur qu'autant qu'elle laisserait place à l'appropriation éventuelle des autres hommes nés et à naître postérieurement à l'occupation.

On a pu dire par suite que si cette limitation devait être acceptée, elle aboutirait à la négation du principe et au désaveu de ses conséquences. C'est ce qu'impose la logique. Et, en effet, dès que l'idée fondamentale du système est que la liberté individuelle doit s'arrêter au point où elle empiéterait sur celle d'autrui, il est nécessaire que l'appropriation, qui n'est qu'une des formes de la liberté en exercice, s'arrête elle aussi au point où elle ne respecterait pas l'appropriation éventuelle possible des autres hommes, agissant dans les mêmes conditions. L'appropriation irrévocable par le seul effet de l'exercice de la liberté est donc impossible.

Cela devant être reconnu, il a fallu que les partisans de l'irrévocabilité se rattachassent à un autre principe, et les économistes ont prétendu le trouver dans une juste rémunération du travail. Ils font valoir le droit au salaire entraînant la possibilité d'en convertir le produit en une valeur quelconque.

C'est à ce système que paraît se rallier la dissertation contenue dans l'Encyclique.

De l'obligation incombant à chacun d'entretenir sa vie corporelle, elle conclut à la nécessité du travail pour l'homme seul, et pour celui surtout qui est chef de famille. Elle passe de cette dernière nécessité à la faculté d'amasser les fruits du travail et à celle de les convertir et transformer. Par suite, comme le droit de transformation ne peut être nié sans que l'on arrive à la confiscation du produit du travail, et en définitive à la confiscation de la faculté d'où procède le travail, tous seraient dans l'obligation d'admettre l'appropriation définitive de l'objet substitué au produit du travail auquel le caractère définitif serait incontestable. Cette série de raisonnements ne contient qu'une pétition de principe.

On arrive toujours de la sorte à décider sans base que l'objet substitué tient forcément la place du prix du travail, quand précisément il s'agit de savoir s'il est possible que l'un remplace l'autre ; qu'il le remplace en tout et pour tout, et si la nature propre du substitué autorise une pareille substitution ; or, c'est ce qui est nié, et, à n'en pas douter, ce remplacement est impossible.

Cet objet qui d'après l'Encyclique va tenir lieu du prix ferme et limité du travail auquel a droit celui qui a travaillé, va lui être transmis par un de ses semblables, et il s'agit de savoir si ce dernier est en mesure de lui transmettre à titre incommutable une valeur indéfinie ; mais cela ne se peut sous un double rapport.

Ce transmetteur n'a et ne saurait avoir, comme tout homme, sur ce qu'il tient qu'un droit transitoire.

Cet objet à transmettre, meuble ou immeuble, est, par sa substance, sinon par son essence et ses qualités, une dépendance de la terre et des forces physiques du monde, c'est-à-dire un accessoire du domaine commun livré à l'activité de tous les hommes, du domaine auquel tous les contemporains et tous les futurs sont appelés, et que nul n'est en droit d'aliéner au mépris de la vocation de l'avenir indéfini. Ce domaine, l'auteur du monde l'a livré à tous et nul ne saurait jamais montrer le titre émané du seul vrai maître qui l'en constitue dispensateur définitif et se survivant à lui-même jusqu'à la fin du monde.

On n'a jamais mieux parlé que quand on a dit : LA TERRE EST A DIEU, IL LA LOUE AUX HOMMES COMME A DES PASSANTS.

Il faut que l'homme vive, et pour cela qu'il travaille ; il est père de famille et il faut qu'il travaille pour lui et les siens. Parfait ; mais quand il aura rempli sa tâche, son droit cessera avec son obligation. Le principe invoqué ne comporte pas autre chose. On ne saurait l'étendre, et il serait bon de revenir à la règle mosaïque : chacun son lot suffisant pour lui et les siens, et à chaque retour du cycle légal, ou partage nouveau, ou reprise par chacun du lot qui lui est échu dans le partage précédent.

Les Etats modernes ne sont pas en situation de reprendre cette pratique des premiers âges, mais il faudra bien décider qu'il y a lieu de faire quelque chose d'analogue, et aviser aux mesures qui seraient susceptibles d'être adoptées.

En tous cas, c'est la mauvaise organisation de la propriété qui est la cause de tous les maux dont gémissent les populations actuelles, et il y a lieu de s'occuper des moyens transitoires qui permettront d'attendre qu'une solution meilleure soit trouvée.

C'est dans ce but qu'il y a bien des années déjà, il a été proposé de rendre l'Etat héritier de ceux qui décéderaient sans proches parents, c'est-à-dire sans enfants, ascendants, frères ou sœurs et descendants d'eux. Ces successions attribuées à l'Etat mettraient à sa disposition des sommes importantes et un nombre considérable d'immeubles qui seraient loués au profit de tous ou seulement aliénés pour un temps déterminé et assez court. (*Religion Universelle*, mai, juin, août et octobre 1878; *Devoir*, 23 et 30 juin, 24 juillet 1878; *Religion Universelle*, 8 septembre et 23 décembre 1886; *Etoile*, octobre 1890, p. 263; *Lumière*, février 1891, p. 17 etc.). De cette sorte, la rente de la terre, en tant qu'elle constitue un prélèvement sur le travail d'autrui profitant aux particuliers, diminuerait, et les cultivateurs cesseraient réellement d'être les serfs de leurs concitoyens.

La nécessité du travail pour l'entretien de la vie obligatoire, pas plus que le droit de conversion du prix du travail, ne peuvent donc conduire à une appropriation exclusive et indéfinie de la terre, ou des autres objets du domaine commun de l'humanité.

Est-ce à dire que l'homme soit mis dans l'impossibilité de remplir ses obligations, et de donner satisfaction à ses besoins ? Une détention provisoire est amplement suffisante pour les besoins du jour, et elle présente cet avantage de respecter les besoins et par suite les droits des prétendants de l'éternel lendemain.

L'homme seul ou chef de famille a des besoins et, par suite, des droits; voilà, dit-on, le principe. S'il en est ainsi, les besoins de l'homme et de la famille satisfaits, le droit n'a plus rien à réclamer. Une détention provisoire a suffi pour cela. Le principe n'exige pas davantage et si la famille et son chef disparaissent, il ne reste ombre ni de besoin ni de droit.

De plus, le besoin étant la cause du droit, il en est aussi la mesure, en sorte que le besoin satisfait tout est fini. La détention provisoire se limite donc à ce qui est nécessaire à l'entretien d'une famille. Faites la part large, quelques hectares suffisent. Il n'y a donc pas dans le principe justification possible d'une détention supérieure en étendue.

Mais, dit-on, il y a le travail à payer, la mise en valeur de l'immeuble d'abord improductif. On le peut admettre, le compte sera bientôt établi. Que l'on concède une jouissance de plusieurs années, et la compensation sera plus que faite, le travail étant amplement payé. Cette dette de défrichement est impuissante à créer une redevance indéfinie et forcer les générations qui se succédent et qui auraient aisément accompli le même travail à payer au détenteur originaire et à des ayant cause successifs, des revenus s'accroissant à chaque renouvellement de bail.

Cette accumulation de rentes est une charge

trop forte pour chaque génération nouvelle dont les aïeux ont inconsidérément et sans savoir escompté l'avenir.

Tenons donc pour certain que ni le besoin personnel, ni le besoin paternel et familial, ni la rétribution d'un travail antérieur ne justifient l'appropriation définitive avec transmission héréditaire indéfinie d'un sol étendu.

L'Encyclique reconnaît au reste que Dieu n'ayant pas opéré de partage, les institutions humaines ont pouvoir de fixer les droits. Elles se sont prononcées jusqu'à ce jour pour la transmission indéfinie ; elles devront désormais, cette transmission étant lésive des droits des hommes de demain, la limiter à une période déterminée et aviser à ménager une transition qui tienne compte des règles de la justice.

Les propriétaires n'interviennent que pour toucher les revenus que paient les cultivateurs, et que ceux-ci récupèrent sur la masse. L'auteur de la terre ne saurait vouloir que certains de ses enfants soient indéfiniment tributaires des autres. Il a soumis tous les hommes indistinctement à la loi du travail ; c'est l'égoïsme humain qui a mis à la charge de quelques-uns le fardeau revenant à d'autres. Il est juste que chacun reprenne la part qui lui incombe.

Ce n'est pas demain qu'il en sera ainsi, et que pour le bonheur des hommes, Dieu et sa justice régneront sur la terre. Il faudra pour une aussi heureuse transformation que les hommes aient bien changé et qu'ils aient mérité que le surcroît leur soit donné parce qu'ils auront pratiqué le nécessaire.

En attendant, Dieu rétablit la justice dont les hommes ne veulent pas, à l'aide des moyens dont dispose sa toute puissance et par le seul effet de la double sanction inévitable attachée par lui, tant à la loi morale qu'à celle des retours répétés sur cette terre.

III

Intervention de l'Eglise dans le règlement des droits et des devoirs réciproques des riches et des pauvres, des patrons et des ouvriers.

La troisième partie de l'Encyclique est destinée à établir que rien n'est possible sans le concours de l'Eglise.

Les efforts de tous doivent être mis en commun pour chercher et trouver le remède tant désiré aux maux dont souffre le prolétariat, mais ils seraient impuissants si l'appui de l'Eglise leur faisait défaut.

L'Eglise travaille à la paix entre les pauvres et les riches, elle enseigne que les uns et les autres ont des obligations réciproques de stricte justice. Elle rappelle au riche que le précepte de charité l'oblige de donner au pauvre; que le travail est chose noble; que la vertu et sa récompense sont à la portée de tous et surtout des pauvres; enfin, que tous les hommes sont également les enfants de Dieu et les frères du Christ.

Ce qu'il faut affirmer sans hésiter, c'est l'inanité de toute action que ne soutient pas celle de l'Eglise. Seule elle peut agir efficacement sur les volontés et déterminer les hommes à remplir leurs devoirs, et elle puise dans l'Evangile des doctrines susceptibles d'enlever au conflit ce qu'il a d'âpreté et d'aigreur et même de l'empêcher.

L'Eglise ne se contente pas d'éclairer l'esprit de ses enseignements, elle s'efforce encore de régler en conséquence, la vie et les mœurs de chacun. Elle a fait naître une foule d'institutions éminemment bienfaisantes et dont le but est d'améliorer le sort des classes pauvres.

Enfin, elle estime que les lois et l'autorité publique doivent apporter à la solution un concours sage et modéré.

Contre la nature tous les efforts sont impuissants, et c'est elle qui a disposé parmi les hommes des différences aussi multiples que profondes, différences d'intelligence, de talent, d'habileté, de santé et de force, différences nécessaires et desquelles naît spontanément l'inégalité des conditions.

L'homme, dans l'état même d'innocence, n'était pas destiné à vivre dans l'oisiveté ; mais ce que la volonté eût embrassé librement comme un exercice agréable, la condamnation l'a imposé comme une nécessité expiatoire.

Il en est de même de toutes les calamités qui ont fondu sur l'homme. Elles n'auront ni trève, ni fin, parce que l'homme y est assujetti jusqu'à son dernier soupir. Oui, la souffrance et la douleur poursuivent l'humanité, et les hommes auront beau tout tenter pour les bannir, ils n'y réussiront pas. S'il en est qui s'en attribuent le pouvoir, ceux-là trompent ceux auxquels ils s'adressent.

Il ne faut pas croire que les deux classes sont ennemies nées l'une de l'autre. Elles forment un tout symétrique et la nature les a destinées à s'unir harmonieusement et à se tenir mutuellement en équilibre. Elles ont un besoin impérieux l'une de l'autre. Il ne peut y avoir de capital sans travail, ni de travail sans capital. L'ordre naît de la concorde qui s'établit entre eux.

L'Eglise prescrit à chacun ses devoirs. L'ouvrier doit fournir intégralement et fidèlement tout le travail auquel il s'est engagé par un contrat libre et conforme à l'équité. Il ne doit léser son patron ni dans sa personne, ni dans ses biens, et ses revendications même doivent être exemptes de violence.

Le patron doit respecter dans l'ouvrier la dignité de l'homme relevée par celle de chrétien. Il ne doit pas l'estimer en proportion de la valeur de ses bras. Il est tenu d'attribuer à chacun de ceux qu'il emploie une suffisante rémunération.

Nul ne saurait avoir une juste idée de la vie mortelle, ni l'estimer à sa véritable valeur, s'il ne s'élève jusqu'à la considération de l'autre vie, celle qui est immortelle. Supprimez celle-ci et aussitôt toute vraie notion de l'honnêteté disparaît, et l'univers entier devient un mystère impénétrable.

Quand nous aurons quitté cette vie, alors seulement nous commencerons à vivre. Non, Dieu ne nous a point créés pour les choses fragiles et caduques, il nous a destinés aux choses célestes et éternelles. La terre n'est pas une demeure fixe, c'est un lieu d'exil. Il n'importe qu'ici bas nous ayons été riches ou pauvres. Que les riches toutefois tremblent d'encourir la disgrâce du père commun des hommes en mésusant des biens qu'il leur confie pour l'utilité de tous.

Le fondement de la doctrine de l'Eglise sur l'usage des richesses se trouve dans la distinction entre la juste possession des richesses et leur emploi légitime.

La propriété privée est pour l'homme de droit naturel. L'exercice de ce droit est chose non seulement permise, mais nécessaire à qui vit en société.

Maintenant si l'on demande en quoi il faut faire consister l'emploi des biens, l'Eglise répond sans hésiter : sous ce rapport, l'homme doit tenir les choses extérieures pour communes, de telle sorte qu'il lui soit facile d'en faire part à ses semblables.

Nul assurément n'est tenu de soulager le prochain en prenant sur son nécessaire ou celui de sa famille, ni même de rien retrancher à ce que la bienséance impose à sa personne ; mais c'est un devoir de donner le superflu aux pauvres. C'est un devoir de charité ; les hommes ne sauraient l'exiger. La justice de Dieu tient compte de ses actes à celui qui le remplit.

Ces doctrines sont bien faites pour rapprocher les hommes, empêcher l'orgueil chez les puissants et relever le courage de ceux qui souffrent. Avec elles on obtiendrait sans peine que tous les hommes se donnent la main et que toutes les volontés s'unissent dans une même amitié. Avec elles on pourrait même espérer que l'union s'opérerait dans l'amour fraternel, chacun ayant compris que tous les hommes sont issus de Dieu leur père commun, leur unique et même fin, qui leur réserve à tous les mêmes récompenses méritées.

Assurément la solution d'un problème de cette gravité demande l'activité et les efforts des gouvernants, des maîtres, des riches et des ouvriers dont le sort est ici en jeu ; mais leur action resterait stérile en dehors de celle de l'Eglise.

Si la société humaine doit être guérie, elle ne le sera que par le retour à la vie et aux institutions du christianisme.

C'est en vue de ce résultat que l'Eglise travaille de toutes manières à la restauration des mœurs chrétiennes qui exercent une influence décisive sur la prospérité temporelle, qui compriment le désir excessif des richesses et la soif des voluptés, qui suppléent par l'économie à la médiocrité des ressources, et qui préservent de ces vices auxquels aucune richesse ne suffit.

Telle était chez les premiers chrétiens la puissance de leur charité, qu'il n'était pas rare de voir les plus riches se dépouiller de leur patrimoine en faveur des pauvres, de telle sorte que l'indigence était à peine connue au milieu d'eux. La charité chrétienne, qui se voue tout entière et sans arrière-pensée à l'utilité du prochain, ne peut être suppléée par aucune industrie humaine.

Non contente de procurer aux chrétiens les moyens d'arriver à l'amélioration de leurs âmes et d'atteindre la perfection morale, l'Eglise a toujours travaillé directement et avec succès au soulagement matériel du sort des pauvres.

« La bienfaisance officielle d'aujourd'hui ne saurait rivaliser avec les institutions de l'Eglise et encore moins les remplacer. »

Les observations que présente cette troisième partie de l'Encyclique sont assurément utiles ; nous sommes néanmoins obligés de déclarer que l'enseignement qui s'y rencontre n'est pas assez déterminant pour conduire au résultat qu'elle poursuit.

Il est prétendu qu'on ne doit pas promettre au pauvre une vie exempte de souffrances et de peines, une vie passée dans le repos et de perpétuelles jouissances, que ceux qui le font le trompent et l'entraînent dans un abîme de maux.

D'accord au cas où la promesse est faite en vue du désordre, et où ceux qui la font prétendent la réaliser par des voies déshonnêtes et sans demander au pauvre de se changer lui-même par la répudiation de ses vices et de ses défauts ; mais il en est tout autrement quand on dit aux souffrants de se confier en la parole du Christ.

D'après l'Evangile, les souffrances ne doivent avoir qu'un temps ; elles cesseront dès que cessant de pécher, chacun aura réparé tout le mal dont il est l'auteur, SERA DIGNE DE CE ROYAUME DE DIEU QUI DOIT ÊTRE RÉALISÉ TANT SUR LA TERRE QU'AU CIEL.

En ce temps, il n'y aura plus ni pauvres ni riches. Tous les enfants du père soumis à sa volonté feront régner la justice en ce séjour et la loi étant observée par eux et au milieu d'eux, le bonheur viendra avec le travail modéré, la satisfaction de la conscience et l'amélioration de toutes les facultés de l'âme.

Méconnaître qu'il en puisse et doive être ainsi, c'est ne pas comprendre les textes les plus simples de l'Evangile, et n'accorder à la pratique de la loi qu'une faible partie de la puissance qu'elle doit avoir.

C'est également se mettre en dehors de l'Evangile que de présenter l'inégalité des conditions comme devant toujours subsister. Il ressort, en effet, du sermon sur la montagne que le règne du père, c'est-à-dire du bien, de la morale et de la vertu sera réalisé, un jour ici-bas, et que sa venue dépend des hommes, puisque sa lumière brillera dès qu'ils feront la volonté du créateur en ce monde ainsi qu'elle est faite dans les cieux.

Il est évident que la volonté du père étant obéie, et sa loi d'amour et de justice étant observée en tout et pour tout, l'inégalité des conditions ne sera plus possible des_uns par rapport aux autres.

Nous serons égaux et frères en fait aussi bien qu'en droit.

C'est se méprendre tout autant sur la portée de l'Evangile que de supposer la distinction indéfinie en deux classes au moins, celle des pauvres et celle des riches. Cet état de choses ne saurait durer qu'un temps, tous les hommes étant les enfants du père unique; il ne déshérite aucun d'eux, pas plus des biens temporels que de ceux de l'avenir spirituel.

Pour que toute différence s'efface, il suffit, dans un monde où tout acte est une cause entraînant un effet nécessaire, que ceux qui sont déchus reprennent leur rang en agissant à l'inverse de ce qu'ils ont antérieurement exécuté.

Au point de vue de l'humanité, il n'est pas admissible qu'il y ait des indigents dénués de tout ; mais à regarder du point de vue de la justice supérieure, une semblable différence indéfiniment prolongée serait monstrueuse.

On peut la concevoir à titre transitoire, *mais il faut qu'elle ait une fin, et que cette fin, dont l'homme serait le maître, puisse procéder du seul effet de la régénération volontaire de ceux qui subissent par l'indigence et la misère la peine d'un passé défectueux.*

Il y a longtemps qu'il n'y aurait plus qu'une classe sur la terre si les clercs et les successeurs immédiats des apôtres et tous ceux qui font partie des clergés séculiers et réguliers étaient restés fidèles à l'exemple et aux exhortations du maître et de ses premiers disciples, s'ils étaient demeurés des artisans vivant du produit du travail de leurs mains. Malheureusement, ceux qui ont pris la suite de l'œuvre des apôtres n'ont guère tardé à faire alliance avec les princes de la terre, dont ils ont reçu des subsides et des bénéfices.

S'il n'en eût pas été ainsi, les directeurs de la chrétienté seraient restés mêlés aux pauvres et aux nécessiteux. Mieux placés pour connaître la misère et ses causes, ils auraient eu bien plus d'influence pour prêcher le travail à tous et poursuivre l'oisiveté, compagne ordinaire de l'usure et de la propriété fainéante !

A cette heure chacun vivrait de son travail. Réparti entre tous, il serait très modéré, et chacun aurait assez de loisirs pour s'occuper du perfectionnement de son âme par la recherche de la science et la pratique de la vertu.

Au lieu de cela, une masse sans repos n'a pas assez de tout son temps et de toutes ses forces pour arriver au paiement de toutes les rentes, de tous les traitements et de tous les loyers et fermages qui la grèvent.

Pécheurs, travaillez et expiez, vos instituteurs vous ont abandonnés. Ils sont passés dans le camp de ceux qui vous accablent de charges.

Confondus hier dans vos rangs, ils s'y retrouveront demain. Ils ont eu et ils auront encore leur tour de fatigues.

Hélas ! vous ne voudrez pas, prêtres séculiers ou membres des ordres réguliers, reprendre la besace de l'artisan, gagner votre pain par l'emploi de vos forces intellectuelles et physiques, et renoncer à toute autre rémunération. Vous est-il possible de répudier des alliances compromettantes et de vous mêler aux pauvres. Votre influence est ruinée. Etes-vous capables de la recouvrer en reprenant l'esprit de l'Evangile que vous avez méconnu, et les préceptes que vous avez négligés.

C'est assurément un des premiers devoirs de ceux qui souffrent de supporter leurs maux en patience et de s'abstenir de tout recours à des voies de fait tendant à modifier leur situation ; mais c'est donner de ce devoir de résignation une des moindres raisons que de dire que l'inégalité des conditions est de l'intérêt de tous. Ceux auxquels on adresse ces exhortations peuvent répondre à l'exemple d'un héros de tragédie : « Il faut un peuple, mais je n'en veux plus être. »

Mieux vaut exciper du motif réel et définitif : celui qu'il n'y a pas de hasard, mais seulement des conditions imposées, et que tenter d'autres voies que celles tracées par la conscience, c'est se mettre en dehors des règles de la morale à l'observation desquelles le délinquant est toujours et inévitablement rappelé.

C'est se tromper gravement que d'inviter ceux qui souffrent à la patience tout en soutenant que leurs souffrances sont imméritées, car c'est accuser la justice supérieure, la loi vivante. Il faut pouvoir démontrer qu'en réa-

lité elles ne sauraient être imméritées et que
chacun est l'auteur de la misère qu'il subit.
C'est un effet qui dépend d'une cause person-
nelle. Une faute l'a produite. Le Christ nous
l'apprend. Après avoir guéri les malades, il
les engage à ne plus pécher ; c'est comme s'il
leur disait qu'il leur fait remise de leur peine
et qu'ils ont à se garer d'un nouveau châtiment en s'abstenant d'un nouveau méfait.

Il a encore posé cette règle : tous les che-
veux de la tête des hommes sont comptés et ce
sont leur fautes qui les ont fait renfermer dans
la prison terrestre de laquelle ils ne sortiront
qu'après le paiement de toute leur dette.

Quand elle entreprend de persuader aux
hommes que la violence est défendue, l'église
leur donne ce motif que la méconnaissance de
la loi morale est toujours punie ; mais elle
n'attache la menace de punition comme la promesse de récompense qu'à la vie future extra-
terrestre.

Se croiront-ils tenus de souffrir ici-bas
quand l'Eglise leur soutiendra qu'ils ne vivront
qu'une fois sur terre et que la récompense ou
la punition les saisira seulement après la mort ;
il faut les convaincre que la vie est multiple
et que les actes accomplis pendant le cours de
chaque apparition sur terre sont des causes

qui motivent la situation qu'on y trouve ulté-
rieurement.

Ils comprendront que s'il en est ainsi, la
plainte est vaine. Chacun est alors tenu de se
dire le propre auteur de son sort comme de
reconnaître que tout nouveau méfait a pour
suite inévitable une nouvelle condamnation.

Le révolté incorrigible et le récidiviste
endurci verront empirer certainement la pénible situation de laquelle ils tenteraient en vain
de sortir.

On voit à la manière dont est faite l'analyse
des devoirs des ouvriers et de ceux des autres
hommes qu'il y a, ce qui ne devrait pas être,
alliance entre l'Eglise et les dominateurs.

Il semble qu'elle considère comme la sienne
propre la cause des puissants et que ses représentants soient intéressés à ce que les ouvriers
s'acquittent de leurs obligations de calme et
surtout de travail.

Par contre, la lettre ne contient que d'insuf-
fisantes explications sur les devoirs des
patrons.

On y lit, non sans surprise, que nul n'est
tenu de sacrifier les convenances de son état
au soulagement des misérables. Ceci n'est pas
français. Dans notre pays, on a vu des rois
négliger même leurs vêtements, et, l'un d'eux

a dit : « Mon peuple peut rire de la pauvreté de mon accoutrement, j'aime mieux cela que de le faire pleurer de mes prodigalités. »

Que sert d'accuser les patrons de dureté si vous devez parler de justice à tous et de restitution à ceux qui la doivent, en indiquant les circonstances dans lesquelles elle est due.

L'Eglise a toujours proscrit l'intérêt de l'argent ; elle doit par les mêmes raisons condamner la rente de la terre, mais elle est virtuellement empêchée de faire entendre à ceux qui prélèvent des intérêts sur le travail de leurs débiteurs qu'ils en doivent restitution.

Tous les établissements séculiers, chapelles, églises et compagnies religieuses vivent de rentes et par conséquent n'existent qu'au détriment des misérables. C'est en vain que les principes catholiques exigent le sacrifice de la rente, en vue du retour à la justice et celle-ci vaincue succombe sous une pratique égoïste plus ou moins consciente.

Il faudrait également proclamer que les industriels ne peuvent sans injustice réduire leurs collaborateurs à un salaire aussi restreint qu'il leur est possible d'obtenir en s'attribuant tout le surplus de la valeur réalisée par l'effort commun. L'Eglise ne saurait admettre que dans ces conditions les patrons soient de légitimes possesseurs ; elle est contrainte de reconnaître qu'un partage plus avantageux aux salariés serait souhaitable, ceux-ci ayant quelque chose à prétendre sur les bénéfices dont ils sont en partie les auteurs.

En tous cas, nul n'est fondé à dire qu'il en sera toujours ainsi. Un temps devra certainement venir ou les directeurs des peuples se considéreront comme tenus de gérer les affaires des sociétés dans l'intérêt de tous sans distinction et non au bénéfice de classes privilègiées envahissant les avenues du pouvoir. Alors les patrons ainsi que les autres chefs cesseront d'administrer les affaires industrielles pour eux seuls et s'estimeront obligés de répartir le produit réalisé dans des proportions déterminées par l'importance du concours de chacun à l'œuvre commune. Alors ceux auxquels une situation industrielle prépondérante aura été donnée ne se croiront plus autorisés à confisquer à leur profit exclusif et sauf abandon d'une maigre rétribution accordée à leurs auxiliaires, toutes les forces que le monde, la terre, l'acquis des siècles passés et la société livrent à la disposition de tous les vivants.

Pourquoi n'en est-il pas ainsi dès à présent ? C'est que tous nous vivons dans une fausse idée du but de la vie individuelle et sociale. C'est qu'en particulier l'Eglise n'a pas su, dans l'évangile et la parole du maître, discerner la vérité qui s'y trouve.

L'Eglise renvoie les vivants à la recherche d'une vie future absolument arbitraire, tandis qu'il en est une réelle dans laquelle ils agissent et qui les instruirait bien mieux de leurs devoirs vis-à-vis d'eux-mêmes et du prochain. Ce serait à l'Eglise à la leur indiquer. A son défaut, nous allons la leur faire toucher du doigt en nous chargeant à titre provisoire des fonctions d'instituteur qu'elle ne sait ou ne veut remplir.

L'Eglise engage le pauvre et le souffrant à la patience ainsi qu'à la résignation ; mais, pourquoi accepteraient-ils ce conseil venant de directeurs leur disant qu'un aveugle hasard, qu'un caprice du sort les a placés dans leur pénible situation. Ils ne sont tenus à la résignation que si leur misère est voulue et imposée par un juge équitable, si elle est la conséquence nécessaire d'un fait venant d'eux.

Or, c'est ce dernier point qu'il est aussi aisé que nécessaire d'établir.

Pour sortir à l'instant de la voie douloureuse, il faudrait user de moyens violents, ce qui serait se heurter aux règles de la morale. Or, ces règles posées par l'auteur de toute justice et de tout amour, peuvent être invoquées seulement pour le maintien d'un état régulier ; mais comment la situation de l'indigent pourrait-elle avoir ce caractère si celui qui s'y trouve n'a pas encore vécu ? Il est donc, à moins de nier Dieu et sa justice ainsi que la sanction inéluctable attachée à la loi morale, il est donc indispensable d'admettre une existence précédente qui justifie le père commun des hommes d'imposer la misère à quelqu'un de ses enfants. La vie actuelle est commandée par une cause produisant son effet nécessaire ; elle n'est et ne peut être que la résultante de la vie passée à la suite d'un intervalle de vie extra terrestre.

C'est à ces vérités que doit s'attacher quiconque entreprend de persuader aux uns la résignation et aux autres la justice.

Aux souffrants, il objecte un passé coupable cause d'un présent rigoureux avec l'impossibilité d'en sortir par le mal sans encourir une nouvelle application de la loi de justice.

Par contre, il leur offre la perspective d'une libération certaine après l'exécution de la peine.

Quant à ceux qui abusent de leur pouvoir, il leur fait comprendre que dans un avenir plus ou moins prochain, ils changeront de rôle avec ceux qu'ils oppriment et qu'il est de leur intérêt de revenir à la justice, c'est-à-dire de préparer pour eux, en vue du retour, une situation tolérable.

A tous, il fait voir que si la révolte et l'oppression restent en permanence sur terre, c'est le malheur sans terme. Le règne du père ne se réalisera jamais ici-bas. Tous indéfiniment misérables, nous sommes voués à d'innombrables alternatives de misère et d'abus de pouvoirs et condamnés à une éternité de luttes et de maux. Nous ne saurions par suite atteindre la perfection nécessaire qui fut promise à nos âmes et vers laquelle nous devons marcher par l'exercice de notre volonté, travaillant à l'acquisition de toute science et de toute vertu.

Ce n'est pas le père des hommes qui réduit certains de ses fils à la condition d'esclaves, de serfs et de producteurs de rentes au profit de quelques-uns de leurs frères; c'est l'égoïsme de tous qui est la cause de ces accidents dont quelques-uns semblent bénéficier tandis que tous en souffrent tour à tour pour le châtiment successif de tous les coupables.

La misère acceptable comme un fait de réparation envers la justice supérieure est possible seulement parce que les enfants d'un même père, les membres d'une même famille se constituent par égoïsme et passion, les uns par rapport aux autres, les exécuteurs volontaires des arrêts de la morale souveraine.

Il en devrait être tout autrement puisque des frères sont mis les uns auprès des autres pour s'entr'aider, s'aimer et se pardonner réciproquement.

C'est aux puissants du jour qu'incombe le devoir de mettre les institutions terrestres sous un régime rationel et normal. Il leur est facile de voir que par rapport à des êtres sans passé. les choquantes disproportions dont nous sommes les témoins trop indifférents seraient injustifiables. Tous les enfants du même père ont droit à l'héritage et il n'est pas admissible qu'un seul des héritiers soit privé de son lot. Fût-il possible d'exclure du partage ceux qui ont aliéné ce qui leur revenait ou ceux qui ont mérité de le perdre, nul n'a droit qu'à sa part numérique.

Les infortunés qui dans le fait et l'état actuel des choses restent en dehors de la répartition des biens à la jouissance desquels un titre commun leur donne naturellement droit, ne sauraient nier qu'ils subissent le sort qu'ils se sont constitués par une usurpation antérieure; mais ils sont fondés à faire observer à ceux auxquels la situation inverse est présentement échue et qui possèdent plus que leur part, que leur situation ne durera pas toujours. Ne nous imitez pas, leur diront-ils, et rétablissez la justice.

La vie dans le travail pénible et la résignation est le devoir des petits et des humbles, tandis que celui des puissants et des maîtres du moment est de remettre le tout en équilibre.

Apportionnés du jour, vous ne fûtes pas ceux de la veille, vous ne serez pas ceux du lendemain. Vous partirez pour revenir. Le cours des existences terrestres vous réclamera tant que vous ne serez pas arrivés au but de la vie, c'est-à-dire tant que vous n'aurez pas atteint l'avancement voulu de vos âmes, celui qui doit amener le règne de la loi. Préparez vos places futures et faites que toutes soient, si ce n'est bonnes, au moins tolérables. Travaillant pour la restitution du droit, vous aurez agi dans votre intérêt personnel. En paraissant vous occuper des autres, la réalité est que vous aurez agi pour vous-mêmes.

Quelles que soient les apparences, la justice vivante se procure toujours une entière satisfaction. L'homme peut tout déranger par ses fautes, tout est rétabli par l'effet de la sanction inhérente à la loi morale. L'homme peut l'ignorer, la méconnaître et la transgresser, elle n'en est pas moins toujours présente. Elle accomplit son incessant travail de réparation.

IV

Opinion de l'Eglise relativement au rôle de l'Etat dans le règlement de la question ouvrière.

Après avoir indiqué dans sa troisième partie ce que doit faire l'Eglise en vue de la solution du problème, l'Encyclique s'occupe dans la partie suivante de l'intervention de l'autorité publique.

Ce que l'on demande d'abord aux gouvernements, c'est d'après elle, un concours d'ordre général. L'économie tout entière des lois et des institutions doit tendre à assurer la prospérité publique et privée. Elle y parvient en sauvegardant la pureté des mœurs, l'établissement de la famille sur des bases d'ordre et de moralité, la pratique de la religion, le respect de la justice et la modération des impôts équitablement répartis, ainsi qu'en favorisant l'essor du commerce, de l'industrie et de l'agriculture.

Le seul but de la société est l'utilité commune de tous ses membres grands et petits.

Pauvres et riches, tous sont de par le droit naturel des citoyens, c'est-à-dire du nombre des parties vivantes dont le corps entier de la nation se compose par l'intermédiaire des familles. L'autorité publique doit donc prendre les mesures tendant à garantir tous les intérêts moraux et matériels de toutes les classes. Elle n'y saurait manquer relativement à la classe ouvrière sans méconnaître les exigences de la stricte justice.

Quelles que soient les vicissitudes par lesquelles les formes de gouvernement sont appelées à passer, il y aura toujours entre les citoyens des inégalités de conditions.

L'Etat doit agir sans empiéter sur les droits de l'individu, ni sur ceux de la famille. Il est tenu d'user de son pouvoir dans l'intérêt de tous et non pas seulement pour l'avantage de ceux qui le détiennent.

Dans la protection des droits privés, l'Etat doit se préoccuper des faibles et des indigents. La classe riche peut se passer de la tutelle administrative.

Dans une société bien constituée, il se trouve en surcroît une certaine abondance de biens extérieurs dont l'usage est réservé au petit nombre. Or, ces biens le travail de l'ouvrier contribue à les produire. L'équité demande donc que l'Etat se préoccupe de ces producteurs et fasse en sorte qu'une part convenable leur revienne des biens qu'ils procurent à la société, afin qu'assurés de l'habitation et du vêtement, ils puissent vivre en subissant moins de peines et de privations.

Le devoir de l'autorité est donc de favoriser tout ce qui de près ou de loin est de nature à améliorer la situation de ceux qui vivent de leurs salaires.

Il faut que le gouvernement protège les propriétés privées. Il importe que par dessus tout, il contienne les masses dans le devoir. Il est permis à tous de tendre vers de meilleures destinées, mais il faut le faire par des voies légitimes. Enlever de force le bien d'autrui, envahir les propriétés, ce sont choses que la morale condamne non moins que l'intérêt de tous, et trop souvent on a vu les ouvriers honnêtes suivre les exaltés coupables qui les entraînaient à de pareils excès dont ils souffrent les premiers et qu'ils condamnent.

L'autorité publique doit protection aux intérêts moraux de l'ouvrier. La vie du corps, quelque précieuse qu'elle soit, n'est pas le but réel de l'être. Elle est la voie qui par la connaissance du vrai et par l'amour du bien conduit à la perfection de l'âme, c'est-à-dire de l'homme même. A ce point de vue, tous les hommes sont égaux; il n'y a point entre eux de différence. Riches et pauvres, maîtres et serviteurs, princes et sujets, ils n'ont tous qu'une même destinée. Il n'est permis à personne d'attenter à la dignité de l'homme, en entravant sa marche vers la perfection, sa tendance vers la vie éternelle et céleste. Il faut ménager à l'ouvrier des jours où cessant tout travail manuel, il lui est loisible, dans le repos du corps, de se livrer à la culture de son âme et de ses sentiments religieux.

L'autorité publique arrachera les ouvriers des mains de ces spéculateurs qui ne font point de différence entre un homme et une machine. Il n'est pas permis d'exiger d'eux une somme de travail qui émousse toutes les facultés de l'esprit et consume toutes les forces du corps. Le nombre d'heures d'une journée de travail doit être proportionné à la nature du travail ainsi qu'aux ménagements réclamés par la santé de l'ouvrier. Variable selon la difficulté de l'opération et la saison dans laquelle elle est effectuée, il sera plus court, selon que le but exige plus d'efforts. Ce que l'on attend des hommes ne peut être imposé aux femmes, ni surtout aux enfants.

L'enfant en particulier ne doit entrer à l'atelier qu'après l'âge où ses forces physiques et ses qualités intellectuelles et morales sont suffisamment développées.

La femme est destinée par la nature aux ouvrages domestiques qui concordent avec l'honneur de son sexe et répondent mieux à ce que réclament la bonne éducation des enfants comme la prospérité de la famille. Il serait à souhaiter qu'elle n'eût pas d'autre rôle que celui de ménagère.

La fixation du taux du salaire n'est pas à la disposition absolue des parties. Le travail est à la fois personnel et nécessaire : l'un parce que la force active est inhérente à la personne et qu'elle est à la disposition de celui qui l'exerce, et qui l'a reçue pour son utilité ; mais il est obligatoire, parce que l'homme a besoin du fruit de son travail afin de conserver l'existence que lui imposent les ordres irréfragables de la nature.

Sous le premier aspect, l'ouvrier peut mettre à son travail le prix que bon lui semble ; il n'en est pas de même sous le second rapport. Il lui est interdit de l'abaisser au-dessous de ce qui est nécessaire à l'entretien de la vie. La volonté des contractants est subordonnée à une loi de justice naturelle plus élevée et plus impérieuse, à savoir que le salaire ne doit pas être insuffisant à faire subsister l'ouvrier sobre et honnête. Que si contraint par la nécessité, ou poussé par la crainte d'un mal plus grand, il accepte de dures conditions, il subit une violence dont la justice le relève.

Pour régler le taux du salaire aussi bien que les conditions relatives à l'étendue de la journée selon la nature du travail, ses difficultés et les personnes qui s'y livrent, il faudrait organiser des Syndicats particuliers qui interviendraient afin de faire cesser les conflits au moyen d'arbitrages équitables. Une intervention inopportune des pouvoirs publics serait par là évitée, et leur action serait au contraire facilitée par des avis émanés de personnes compétentes. L'entremise des mêmes Syndicats favoriserait également l'action de l'autorité en vue de prévenir les grèves ruineuses pour les ouvriers et désastreuses pour l'intérêt public.

En terminant cette quatrième partie, l'Encyclique adjure les pouvoirs publics de prendre des mesures susceptibles de faciliter l'accessfon de l'ouvrier à la propriété privée.

Les observations qui précèdent resteront avec leur valeur morale qui n'est pas contestée ; mais elles seront sans effet pratique relativement au sujet qui nous occupe.

Les peuples chrétiens demandent davantage et les gouvernements sont disposés à intervenir d'une manière plus efficace.

On voit, en effet, en divers pays, les chefs d'Etat proposer des assurances ayant pour but de donner des garanties d'avenir à la masse des famillles ouvrières.

Le système d'assurance mutuelle pratiqué par le fondateur du familistère de Guise pourrait être généralisé. Son auteur a demandé une législation qui appliquerait la partie essentielle de sa combinaison à laquelle il a donné le titre de mutualité sociale.

Sa proposition devra un jour ou l'autre être reprise devant les Chambres françaises.

On verra alors quelle sera l'attitude de ceux des membres de ces Chambres qui appartiennent au parti catholique.

Nous avons déjà rappelé qu'il y a plus de douze ans (mai 1878) une revue publiée par M. Charles Fauvety a proposé la création de rentes viagères obtenues à l'aide de nouvelles ressources appliquées à cet objet ainsi qu'à l'amortissement des rentes, création qui aurait pu, chaque année, convertir dix mille besoigneux en autant de possesseurs d'une rente viagère de 375 francs. Si l'institution avait été mise en pratique dès cette époque, les 120,000 plus âgés de nos concitoyens sans ressources auraient été, à cette heure, arrachés à la misère, et cependant les vivants n'auraient eu à supporter aucune charge nouvelle. (Voir plus haut, p. 23).

Le gouvernement français a présenté de son côté une organisation de rentes viagères obtenues au moyen de versements annuels faits par les ouvriers, les patrons, et l'Etat suivant certaines proportions. Il témoigne de la sorte d'une extrème bienveillance pour la classe laborieuse. Mais on peut craindre que sa bonne volonté n'ait pas l'efficacité qu'il en attend, bien que la mesure soit très onéreuse au trésor, auquel on a le tort de ne pas assurer des ressources exceptionnelles. Pour profiter, en effet, de la nouvelle institution, il faudra disposer de ressourses assez importantes, tandis que le résultat à obtenir, avant tout, est de venir en aide à ceux qui, empêchés par les nécessités pénibles de leur existence, n'ont rien pu épargner en vue de leurs vieux jours.

Il est permis de regretter que dans sa lettre le chef de l'Église ne se soit pas occupé des plus importants de ces projets et ne se soit pas expliqué sur les espérances qu'ils ont pu faire naître.

L'Eglise n'est pas habituée à ces hardiesses. Elles ne sont pourtant que les conséquences des principes posés par son auteur, ceux de la justice réelle et de la fraternité positive.

Elle en est encore à la distinction des classes, tandis que les peuples plus évangéliques qu'elle ne veulent plus de séparations, réclament une seule classe et tendent à obtenir qu'il n'y ait plus que des collaborateurs, tout étant obtenu par le moyen d'Associations.

Quand il n'y aura plus de salariés qu'à titre exceptionnel, et que tous les ouvriers, devenus associés de leurs chefs et directeurs, seront des participants à l'exercice de toute industrie, il n'y aura point de place pour deux classes, il n'y en aura qu'une seule.

Par suite, les gouvernants et les gouvernés ne seront ni plus ni moins les uns que les autres. Les premiers, leur mandat rempli, leur rôle fini, rentreront dans les rangs des seconds. Ceux qui exerceront les professions dites libérales ne seront que les premiers entre leurs égaux.

Ce n'est pas demain qu'il en sera ainsi ; mais cela viendra assurément, car l'esprit moderne le veut ; il marche dans cette voie et se dirige vers ce progrès. Là est la conséquence des principes modernes ; lesquels sont ceux du véritable christianisme. Les peuples arriveront au but en dépit de la résistance de l'esprit aristocratique.

Ils en seraient moins éloignés sans les impatiences brutales de ceux qui veulent jouir des droits dus à la moralité avant d'avoir acquis les qualités et les vertus indispensables à leur exercice.

Pour le présent d'ailleurs et avec le renouvellement de l'existence terrestre, le père de la vie, maître de la résurrection corporelle, établit une suffisante égalité. Il peut appeler tour à tour chacun à figurer dans l'une ou l'autre des deux classes et lui conférer les plus hautes ou lui imposer les plus basses situations.

C'est par suite de la même habitude erronée de procéder par catégories que l'Église demande des lois spéciales pour les ouvriers et qu'elle voit le suprême remède à la misère dans l'accession à la propriété à laquelle une infirme minorité peut seule parvenir.

Pour vaincre la misère, l'Église veut créer des propriétaires, mais d'une part, c'est là un moyen admissible, seulement à titre transitoire, et d'autre part c'est une tentative vaine puisque les abus de la propriété devront disparaître, et avec eux les prétendus avantages recueillis aux dépens de la masse.

Il y a lieu encore dans l'état actuel des choses de reconnaître que l'agriculture ne présente d'avantages que pour ceux qui la pratiquant sur de vastes espaces et à l'aide de puissantes machines, lui donnent un caractère intensif et industriel.

Que l'on considère d'autre part que le travail de la terre est en partie délaissé, et que si l'on trouve des maraîchers, des jardiniers et des vignerons, les laboureurs deviennent rares et les bouviers introuvables.

Il est possible que dans un temps assez court, il faille, pour avoir du blé et du pain, recourir à une conscription d'un nouveau genre, et convertir l'armée en une réunion de soldats laboureurs. Pendant la froide saison, les conscrits seraient instruits en vue de la défense du pays, tandis que pendant la saison favorable, ils travailleraient à nourrir leurs concitoyens. Ce sera la meilleure justification du service personnel et obligatoire pour tous.

Ces quelques réflexions suffisent à montrer que l'on peut tenir pour absolument vaines les mesures auxquelles doit être limité, d'après l'Église, le concours des Etats pour le règlement de la question ouvrière.

V

Associations et Corporations religieuses

Patrons et ouvriers, dit la lettre dans sa cinquième partie, doivent établir des institutions charitables et économiques et surtout former des Associations.

L'autorité civile possède, en cette matière, un droit naturel dont elle ne doit pas dépasser la limite.

L'Eglise a sous sa dépendance des Associations religieuses qui relèvent d'elle seulement, et malgré cela, certains Etats se sont dans ces derniers temps malheureusement permis des spoliations iniques.

Il faut que les ouvriers se retirent des corporations ouvrières qui sont une menace pour leurs sentiments religieux, et qu'il en soit fondé de sincèrement catholiques. Ces dernières présenteront la plus grande utilité.

Il faut à cet égard agir avec la plus grande prudence et assurer aux fondations nouvelles le caractère religieux qui aura présidé à leur naissance.

Il n'est pas besoin de donner des règles précises et certaines pour le détail ; tout ce qu'on peut dire en général, c'est que les corporations doivent être organisées de façon à fournir à chacun de leurs membres les moyens propres à le conduire au but, qui est l'accroissement des biens de l'âme et du corps, mais surtout le perfectionnement de l'âme par la recherche du royaume de Dieu et de sa justice, le reste devant venir en surcroît.

Les ouvriers, trompés par les fallacieuses pro-

messes de ceux qui les exploitent, viendront chercher un refuge dans ces corporations catholiques.
Ils trouveront auprès d'elles un remède positif à
leurs maux et la protection efficace qui leur a man-
qué jusque-là.

Le succès qu'ont eu dans le passé les corporations religieuses, permet de tout espérer pour l'a-
venir des corporations ouvrières catholiques.

On ne peut que déplorer l'esprit aristocratique et le parti-pris d'exclusivisme sacerdotal
qui dominent dans cette cinquième partie de la
lettre.

N'est-il pas étrange que les successeurs du
charpentier Nazaréen, des pêcheurs Céphas et
Simon, du voilier Paul et des autres manou-
vriers qui se joignirent à eux aient l'idée fixe
de sortir de la classe des artisans et d'y main-
tenir à toujours la masse des autres hommes.

Un autre travers, c'est de vouloir créer un
Etat dans l'Etat, c'est au lieu de parler de la
fusion en un seul corps de tous les citoyens
d'un même pays, de recommander à ceux à qui
l'on s'adresse de se diviser par chapelles.

Puisqu'il s'agit de la question ouvrière, pourquoi ne pas admettre que des Associations d'ouvriers exerçant le même métier se formeront
sans distinction de croyances et vouloir l'établissement de Sociétés exclusivement catholiques.

La masse des ouvriers est plus tolérante ; elle ne demande compte à personne de ce qu'il pense, et elle admet à contracter tous ceux qui sont honnêtes en tant qu'hommes et qui sont suffisamment experts dans le maniement de leurs outils professionnels.

Il est grandement question dans cette partie de la lettre de corporations ouvrières catholiques. Il semble que jusqu'à ce jour ce soit de la pure théorie ; on n'en cite aucune qui soit en activité.

Les Sociétés coopératives de consommation se multiplient et heureusement on n'a pas entendu dire que les fervents catholiques en aient fondé de nombreuses dont ils auraient exclu ceux qui n'auraient pas adhéré à leur symbole.

Beaucoup de ces Sociétés prospèrent et une grave question est posée. D'assez nombreux coopérateurs voudraient que les bénéfices réalisés ne fussent pas répartis entre les associés, mais qu'ils servissent à la formation de capitaux dont profiteraient des Sociétés coopératives de production. Ils n'ont pas encore eu d'importants succès, et le nombre des Sociétés dont les assemblées générales ont consenti au prêt de leurs bénéfices à des coopérateurs réunis afin de produire est encore restreint. Il eût été intéressant de connaître l'opinion de l'Eglise sur ce point.

Hostile au prêt à intérêt, elle avait une occasion d'appliquer sa théorie. Il eût été encourageant de la voir inciter les coopérateurs à travailler au relèvement d'une partie de leurs concitoyens et à prêter sans intérêt leurs bénéfices capitalisés à ceux de leurs pareils qui seraient assez honnêtes et assez habiles pour établir des Sociétés de production. Le commencement et le cours des opérations en seraient facilités.

La protestante Angleterre est jusqu'à cette heure la seule nation qui ait sous ce rapport remporté de brillants succès. On y voit prospérer d'importantes Sociétés coopératives de production fondées avec l'appui des coopérateurs réunis pour les besoins de la consommation.

Des essais sont actuellement tentés en France et en Allemagne.

On n'a pas entendu dire que des Sociétés exclusivement catholiques se soient mises à des œuvres de ce genre ; ç'eût été pour elles l'occasion d'un bel exemple de charité, ce qui est plus méritoire qu'un conseil.

Il est des points sur lesquels de précieux modèles ont été fournis en France. Des patrons en assez notable nombre ont associé leurs ouvriers ou les ont appelés au partage d'une portion de leurs bénéfices. D'autres leur ont cédé leurs établissements à charge de les payer avec les produits réalisés.

Le chef-d'œuvre en ce genre, c'est la création du familistère de Guise et la transmission dont il est devenu l'objet.

Le règlement de l'usine a été disposé de telle sorte que tout employé y trouve pour lui et les siens le minimum nécessaire à la vie, des subsides et des soins en cas de maladie, une part dans les bénéfices, une retraite à la suite d'un service suffisamment prolongé.

Quant à la transmission de l'immense usine, des palais sociaux, des marchandises, des approvisionnements et du fond de roulement d'une valeur de plus de quatre millions, elle a été faite à une Association établie dans ce but entre les plus méritants des employés. Elle a eu lieu à la charge du maintien du règlement général et d'un remboursement modéré à faire à la famille du fondateur au moyen d'un prélèvement partiel des bénéfices que le cédant aurait pu retenir en entier, en sorte qu'en définitive c'est un don, le paiement se trouvant réellement effectué avec les fonds du vendeur.

M. Godin était fort religieux, mais point du

tout catholique. On ne voit pas que de fervents approbateurs de l'Encyclique se soient empressés de l'imiter et de fonder des usines familistériennes en vue et pour la satisfaction de les abandonner à des exploitants chargés seulement de verser pendant quelques années, à titre de restitution, une assez faible part des sommes leur provenant de l'industrie désormais passée dans le patrimoine des coopérateurs cessionnaires.

Il est permis d'espérer que, mieux inspirés que leurs directeurs, les catholiques n'établiront pas la scission qui leur a été conseillée, et qu'associés avec tous leurs concitoyens indistinctement, ils prépareront la fusion en une classe unique des hommes de chaque pays, en attendant la réunion de tous les peuples en une nation de frères sur laquelle règneront le Dieu innomé, le Dieu unique et sa justice égalitaire.

VI

Exhortation

La sixième partie de l'Encyclique consiste en une exhortation à tous de se mettre à l'œuvre, les membres du clergé devant être les premiers à agir et à donner l'exemple de la charité.

« Vous voyez, vénérables frères, porte la lettre, par qui et par quels moyens cette cause si dificile demande à être traitée et résolue. Que chacun se mette à la part qui lui incombe, et cela sans délai, de peur qu'en différant le remède, un mal déjà si grave ne devienne incurable. Que les gouvernants fassent usage de l'autorité protectrice des lois et des institutions ; que les riches et les maitres se rappellent leurs devoirs ; que les ouvriers, dont le sort est en jeu, poursuivent leurs intérêts par les voies légitimes ; et puisque la religion, comme il a été dit dès le début, est seule capable de détruire le mal dans sa racine, que tous se rappellent que la première condition à réaliser, c'est la restauration des mœurs chrétiennes, sans lesquelles même les moyens suggérés par la prudence humaine comme les plus efficaces seront impuissants à produire de salutaires résultats.

» Quant à l'Eglise, son action ne fera jamais défaut en aucune manière et sera d'autant plus féconde qu'elle aura pu se développer avec plus de liberté..... Que les Ministres sacrés déploient toutes les forces de leur âme et toutes les indus-

tries de leur zèle, et que, sous l'autorité de vos
paroles et de vos exemples, vénérables frères, ils
ne cessent d'inculquer aux hommes de toutes les
classes les règles évangéliques de la vie chrétienne ; qu'ils travaillent de tout leur pouvoir au
salut des peuples et, par dessus tout, qu'ils s'appli-
quent à nourrir en eux-mêmes et à faire naître dans
les autres, depuis les plus élevés jusqu'aux plus
humbles, la charité reine et maîtresse de toutes les
vertus.

» C'est en effet d'une abondante effusion de charité qu'il faut principalement attendre le salut. Nous
parlons de la charité chrétienne qui résume tout
l'Evangile et qui, toujours prête à se dévouer au
soulagement du prochain, est un antidote très
assuré contre l'arrogance du siècle et l'amour
immodéré de soi-même. »

Le temps de la charité, telle que l'entend
l'Eglise, est passé; celui de la justice est venu.
L'Eglise ne la comprend pas, elle est impuissante à la mettre en pratique.

Les prêtres les plus haut placés surtout ne
paraissent pas capables de l'effort puissant
qu'exigerait le retour à l'application pure et
simple de l'Evangile primitif. Le successeur
de Pierre, ni ceux des apôtres, ne voudront se
refaire petits et redevenir les égaux de leurs
disciples. Ils reculeront devant l'abandon des
rentes, des bénéfices, des prébendes et des
traitements. Ils ne consentiront jamais à renon-

cer aux fondations productrices·nominales des revenus dont ils vivent.

Les peuples n'en attendent rien. La justice sera faite, sans eux, malgré eux, et contre eux peut-être.

Craignez, prêtres, que l'on ne vous dise : il est trop tard pour vous plus encore que pour les rois : toute votre hiérarchie aristocratique est condamnée à disparaître : le pouvoir et la richesse sont en contradiction avec l'esprit de l'Evangile. Le pasteur ne doit avoir qu'un vêtement comme le plus pauvre de ceux qui l'écoutent. C'est cette partie surtout des mœurs chrétiennes des premiers temps qu'il faudrait pouvoir restaurer.

On entend soutenir que vous êtes sans force pour tenter cette grande œuvre et que la démonstration en ressort de ce qui s'est passé dans les quinze siècles écoulés depuis que vous avez abandonné les anciennes pratiques de travail manuel; que compter sur vous pour les rétablir, c'est concevoir de vaines espérances, l'histoire étant là pour proclamer votre impuissance.

On vous oppose encore que si l'Etat vous retirait ses subsides et son appui, peu persévéreraient, mais que la plupart disparaîtraient.

Le pouvoir séculier devra longtemps encore soutenir le clergé qui pourvoit à l'instruction morale et religieuse des populations. Prêtres de tout ordre et de tout rang, mettez le temps à profit : rendez toute sa force au principe dont la garde vous a été commise, ne laissez pas votre institution dépérir, se délabrer de plus en plus et achever péniblement une vie factice au milieu des masses désaffectionnées. Prêchez par l'action et l'exemple, soyez seulement les anciens parmi vos fidèles.

TABLE DES MATIÈRES

—

	Pages
Note des éditeurs	3
Avis au lecteur	5
I. — Motifs	7
II. — L'Eglise et la Propriété	12
III. — Intervention de l'Eglise dans le règlement des droits et des devoirs réciproques des riches et des pauvres, des patrons et des ouvriers	27
IV. — Opinion de l'Eglise relativement au rôle de l'Etat dans le règlement de la question ouvrière	47
V. — Associations et Corporations religieuses	57
VI. — Exhortation	63

Nantes. — Imp. F. Salières, rue du Calvaire, 10.

LA RELIGION UNIVERSELLE

Organe de Solidarité
Et de Régénération Sociale

SEPTIÈME ANNÉE

PRIX DE L'ABONNEMENT

France . . . . **5** francs.
Étranger . . . . **6** —

BUREAUX :
3, Rue Mercœur, 3, NANTES
(Loire-Inférieure)

VIENT DE PARAITRE
Nouvelle Révélation
par Ch. FAUVETY
Un volume de 3 fr. 50

Ce livre contient deux grandes vérités qui n'ont à craindre que la conspiration du silence :

1° La vraie définition de Dieu, retrouvée et identifiée avec la vie qui est sa caractéristique, et avec l'Univers qui est sa splendeur (*le non-moi*) ;

2° La vie de l'humanité prise dans l'espèce et non plus seulement dans l'individu, participe ainsi à son éternel renouvellement. C'est l'immortalité de l'âme assurée par la mort elle-même dans l'usage de la vie.

Ces deux grandes vérités sont irréfutables, mais elles avaient besoin d'être révélées aux hommes de bonne volonté. *Qui potest capere capiat.*

Le reste est facile à comprendre et à la portée de tout le monde. N'en parlons pas.

www.ingramcontent.com/pod-product-compliance
Lightning Source LLC
LaVergne TN
LVHW010405060726
842526LV00005B/1521